Imprimatur :

Burdigalæ die 7 Februarii, 1911.

† Paulinius Card. ANDRIEU,

Archiep. Burdigalæ.

Henry GAULTIER

Un Miracle

DE

Lourdes

ANGERS

SOCIÉTÉ ANGEVINE D'ÉDITION

2, RUE SAINT-AUBIN, 2

Au Comité de l'Œuvre

de " Notre-Dame de Salut ".

C'est à l'Œuvre de Notre-Dame de Salut, *à son ardente charité que je dois d'avoir connu le remarquable événement dont parle ce petit livre que je lui dédie en témoignage de reconnaissance pour tout le bonheur qu'elle m'a donné.*

H. G.

Le récit de l'authentique conversion qu'on va lire raconte un miracle comme la Sainte Vierge se plaît à en faire souvent à Lourdes. Le public n'est que très rarement informé des faits de cette nature qui ne concernent que l'âme; ses faibles sens sont d'ailleurs impuissants à les saisir, son intelligence n'en comprend pas le déconcertant mystère. Il leur préfère le miracle tangible, la guérison d'une maladie incurable ou la reconstitution immédiate d'un organisme à jamais détruit. Mais Dieu poursuit son œuvre merveilleuse de rédemption : la guérison d'un corps est pour lui un moyen; le salut des âmes, les amener au ciel, seul bien désirable, est son but.

Ce « miracle » a été proclamé en chaire, à la Grotte, dans l'après-midi du 21 août, deuxième jour du Pèlerinage National de 1909, devant nous-même et devant plusieurs milliers de fidèles assemblés, qui peuvent en témoigner.

Les heureux bénéficiaires de ce remarquable bienfait, dont le caractère surnaturel est irrécusable sont vivants; à Paris, leur résidence ordi-

naire, ils sont connus dans les milieux mondains les plus en vue. A cause de cela, nous avons changé leurs noms et modifié certains détails physiologiques.

Sans rien préjuger des éternels desseins de Dieu qui agit à son gré et à son heure, et toujours pour le plus grand bien de ses créatures, nous avons recherché les causes possibles ayant pu décider son adorable Providence à tirer de l'abîme de l'impiété des malheureux qui, sans le connaître, sans même croire à son existence, avaient décidé de réduire à néant les moyens dont il se sert pour manifester sa gloire et sa puissance.

Puis, nous avons voulu connaître les incidents qui ont précédé et accompagné cet événement que nous considérons comme le plus grand prodige du Pèlerinage National de 1909, pourtant si fécond en grâces et en bénédictions.

Espérons que le récit que nous en donnons, malgré sa rapidité presque cinématographique, édifiera le lecteur et lui démontrera qu'il ne faut jamais douter de la miséricorde infinie du Bon Dieu, ni de l'immortelle tendresse de Celle qu'il a choisie pour être sa Mère Immaculée.

I

Paresseusement allongé sur son rocking-chair, un fin havane aux lèvres, M. Debeny semblait rêver en regardant s'enfuir au souffle léger de l'air les volutes bleues de son odorant cigare. Autour de lui, les plate-bandes magnifiques d'un merveilleux jardin étalaient orgueilleusement les plantes les plus rares. A quelques pas de lui, deux jeunes filles, d'une ravissante beauté, étaient assises sous un berceau de verdure, lisant le dernier roman à la mode, gaies et insouciantes, s'épanouissant en éclats de rire devant les situations risquées, ou les propos salés des héros du livre.

Solange et Antoinette Debeny étaient vraiment de jolies enfants. Blondes, avec de splendides yeux noirs vifs et intelligents — contrairement à l'usage qui veut que les blondes aient les yeux bleus — la peau d'une carnation fraîche et rose ; tout en elles décelait une santé parfaite que la fatigue ne peut épouvanter.

Solange avait dix-neuf ans, sa sœur Antoinette dix-sept seulement, mais elles paraissaient jumelles, tant leur ressemblance était parfaite sous tous les rapports, au physique comme au moral. Élevées chez elles par des professeurs venus du dehors, elles suivaient les mêmes cours, faisaient les mêmes études avec application et succès. Pour tout le monde, ces deux jeunes filles étaient parfaites, et leurs parents les adoraient. Elles avaient un frère, Robert, l'aîné d'un an de sa sœur Solange.

Robert « faisait » sa philosophie dans l'un des grands lycées de la capitale ; on ne le voyait qu'au dîner, à peu près à l'heure où Mme Debeny, sa mère, descendait de l'appartement où venait de s'accomplir le laborieux travail de la quatrième toilette de la journée. Ce garçon de vingt ans était le lion du lycée. On savait que son père, multimillionnaire, avait des relations dans les grandes administrations, qu'il frayait de pair à compagnon avec les hauts personnages politiques, que ministres, députés et sénateurs s'asseyaient familièrement à sa table sans invitation préalable, en amis. On savait aussi que M. Debeny faisait partie d'une puissante société, la franc-maçonnerie, et que, grâce à son immense fortune, il obtenait toutes les faveurs qu'il voulait, quand il consentait à se donner la peine d'en demander pour un protégé, ce qui lui arrivait fréquemment.

Au moment où commence notre récit, l'heure du dîner approchait. Robert rentrerait bientôt.

Antoinette ferma le livre qu'elle lisait à haute voix.

— Tout de même, dit-elle, il y a des instants où je giflerais volontiers l'auteur de ce roman. Après avoir dépeint les amours du baron et de la femme du sous-préfet, voilà-t-il pas qu'il tombe sur le divorce à bras raccourcis, sous le prétexte qu'il y a des enfants et qu'ils seraient malheureux ! Si j'étais la femme du baron, je n'hésiterais pas, tant pis pour les enfants. Qu'en dis-tu, Solange ?

— Oh ! moi, répondit celle-ci, je m'en moque. Tout le monde sait qu'un roman n'est qu'une enfilade de blagues ; donc, ça ne tire pas à conséquence. Mais si j'étais la femme du baron, je tâcherais de trouver un moyen pour me débarrasser de lui. Curare, strychnine, que sais-je ! Avec un louis, on trouve toujours l'aide d'un garçon de laboratoire complaisant et débrouillard.

Robert arriva sur cette appréciation plus ou moins juste de l'honnêteté des employés de pharmacie et demanda ce qu'elle signifiait. Antoinette le lui expliqua.

— Bêtises que tout cela, dit le jeune homme d'un ton de magister ; divorce suppose mariage, mariage veut dire folie. L'humanité s'éclaire de plus en plus, les institutions du temps passé s'écroulent. Dans quelques années, l'amour libre aura remplacé ces vieilles rengaines de mariage, de divorce et de séparation légale.

— Ma foi, remarqua le père, qui avait tout entendu, tu pourrais bien avoir raison,

— Eh bien, alors, conclurent les jeunes filles, vive l'amour libre !

— Il faut bien que ces jeunes filles s'habituent à voir l'avenir tel qu'il sera, n'est-ce pas, Alice, dit M. Debeny à sa femme qui entrait dans le jardin. L'heure où la raison restera seule maîtresse et directrice du monde, va sonner bientôt. Les religions, surtout la religion catholique, qui a fait tant de victimes par son fanatisme et son absolutisme auront disparu.

L'idée d'un Dieu créateur, d'un autre Dieu fait homme, venu au monde pour lui imposer une loi de soumission et de souffrance, ne possédera plus personne. La mythologie s'efface là où la science et la raison éclairent l'esprit et en animent les mouvements.

— Certes, ajouta Mme Debeny, je plains grandement les malheureux qui croient encore aux billevesées des prêtres. Et puis, voyez-vous, se confesser, s'agenouiller devant des croix et des statues ! Quelle bassesse et quelle sottise !

II

Les époux Debeny, nés, l'un, d'un banquier habile, l'autre, d'un grand manufacturier, s'étaient mariés jeunes et, chose rare dans leur monde, par inclination. Richement dotés, ils ne savaient rien de la gêne. La mort de leurs parents, survenue quelques années après leur mariage, les fit plus riches encore, et ils vivaient dans le plus grand luxe. Mais, contrairement à beaucoup de leurs pareils, ils n'étaient pas égoïstes. Leur bourse était toujours ouverte, aux grandes comme aux petites détresses. Non qu'ils pratiquassent la charité en chrétiens. Ils ne gravissaient pas les escaliers noirs conduisant aux mansardes des pauvres, leur portant, avec le secours bienfaisant, la parole consolatrice qui réconforte et fait naître l'espérance au cœur des malheureux. Mais pas une requête qui leur était adressée ne restait sans solution. Les Debeny étaient, à cet égard, d'un éclectisme parfait : bureaux de bienfaisance, œuvres laïques de tout genre, orphelinats catholiques, œuvres diocésaines, paroissiales ou privées, recevaient également, et fréquemment, ou la somme importante qui crée, ou l'allocation qui permet de subsister et de s'étendre.

En un mot, c'était un ménage charitable, et charitable sans ostentation, simplement, naturellement.

Les trois enfants imitaient leurs parents, ils étaient larges comme eux ; leurs préférences allaient aux infirmes, qu'ils soulageaient avec générosité, sans s'inquiéter si leurs infirmités étaient réelles ou simulées.

Pourtant, les époux Debeny ne connaissaient pas Dieu. Élevés dans l'indifférence, le mari comme la femme n'avaient fréquenté l'église que tout juste le temps de se préparer à la première communion, que leurs parents avaient permise, pour faire « comme les autres. »

A leur tour, ils firent de même. Robert, Solange et Antoinette furent baptisés et on leur laissa faire la première communion. C'est si beau ce jour-là ! On s'habille avec une élégance encore plus raffinée que de coutume. Le garçon fait belle figure, avec son brassard à franges d'or ; les fillettes sont à croquer, sous leur blanche parure de mousseline et de dentelles. Et surtout, l'on *reçoit!* Les salons en enfilade s'illuminent, le soir, des mille feux de l'électricité. Après un lunch rabelaisien, où champagne et liqueurs des grandes marques coulent à flots, un bal en décolleté s'organise. Follement, on s'amuse, on danse, on soupe, on chante, on flirte : c'est superbe ! Et aux enfants, aux communiants, un souvenir reste : celui d'une haute bombance, d'une soirée « épatante » de gaieté et d'entrain.

De Dieu, point!

C'est ainsi que se passèrent successivement les « fêtes de première communion » dans la famille Debeny.

Cependant, rien, dans cet intérieur, ne marquait la haine des choses saintes. On ne parlait d'elles ni en bien ni en mal. Chacun est libre, n'est-il pas vrai, d'agir à sa guise. La messe, y va qui veut! les curés ne vous y mènent pas de force. Les prêtres sont, après tout, des hommes comme les autres, que l'intérêt guide. C'est leur métier d'appeler les gens à leurs églises, de les y baptiser, marier et enterrer. Tout cela c'est de l'argent qui tombe dans leurs mains, et l'on conçoit très bien qu'ils se trémoussent en chaire, même qu'ils fassent de la bonne musique dans leurs temples, afin d'y faire affluer beaucoup de monde : les quêtes s'en ressentent, sans parler des dons de toute nature que leur font de vieilles dames simplettes.

— Un événement se produisit, qui changea la face des choses.

III

M. Debeny arrivait à sa trente-huitième année. Très connu, comme nous l'avons dit, très estimé ; par ailleurs fort intelligent et d'une solide instruction, un groupe d'amis pensèrent à lui pour remplacer le député par trop clérical de leur circonscription, et lui proposèrent de le présenter aux élections législatives, dont la date approchait. Bien qu'il aimât singulièrement sa liberté, M. Debeny fut flatté de cette proposition. Les louanges qu'on lui adressait sur sa philanthropie, sa connaissance des affaires, sa parfaite honorabilité lui montaient à la tête comme un encens. D'abord il fit quelques difficultés, et enfin céda.

Le fameux « votez pour notre candidat, votez pour le citoyen Debeny » retentit dans toutes les réunions, s'étala sur tous les murs. Sa profession de foi, destinée à combattre un catholique, ne pouvait rester incolore. Il se déclara libre-penseur — et, de bonne foi, l'était — partisan de toutes les lois antireligieuses votées par les Chambres depuis plusieurs années.

De leur côté les catholiques, qui ne voyaient pas sans crainte l'avènement dans leur circonscription d'un candidat de cette valeur, serrèrent énergiquement leurs rangs. Ils opposèrent réunions à réunions, affiches à affiches, journaux à journaux ; des prières, même, s'organisèrent dans plusieurs églises pour demander à Dieu le succès de leur candidat.

C'était une guerre acharnée, à outrance.

Le jour des élections arriva. Au premier tour de scrutin, Debeny fut battu ; son concurrent conservateur l'emportait avec deux mille cinq cents voix de majorité.

Alors la haine entra dans le cœur, si bien préparé déjà par l'indifférentisme de cet homme. Tout ce qui portait le nom catholique : hommes, œuvres, publications, fut par lui outragé, vilipendé, sali. Sa bourse se ferma aux pauvres que recommandait un prêtre ou une religieuse. Non satisfait dans son orgueil blessé par ces mesures vengeresses, il acheta et distribua des quantités de brochures et de livres libres-penseurs, répandit à profusion les journaux les plus antireligieux.

Moins de trois mois après son échec, M. Debeny était devenu le F.·. Debeny, affilié à la loge la *Solidarité Universelle*.

Sa maison ne désemplit plus de Vénérables.·., de F.·. orateurs, de journalistes vendus à la secte. Les quelques prêtres apostats ou interdits que Paris compte dans les bas-fonds de sa population, furent ses hôtes assidus.

Robert avait alors seize ans. Antoinette, sa

plus jeune sœur, était au lendemain de sa première communion. Il est aisé de prévoir ce que vont devenir ces jeunes âmes en un pareil milieu.

Ceux de leurs professeurs dont on connaissait les idées libérales furent congédiés et on les remplaça par des *purs*, de ceux pour qui Dieu n'est qu'un mot, la religion de Jésus-Christ qu'une invention des hommes, destinée à les abrutir pour mieux les dominer. Les cours de morale ne furent plus que des exposés philosophiques tirés de J.-J. Rousseau, de d'Alembert et de Proudhon; l'histoire de France prit ses débuts à 1789, l'époque des grands principes. Quant à l'histoire sainte, on n'en parla point.

Aimant beaucoup la lecture, les enfants Debeny trouvaient sur toutes les tables des ouvrages bien au point. Les *Châtiments* coudoyaient les *Rougon-Macquart*, *Rome*, *Lourdes*, *La Terre* de Zola. Voltaire voisinait avec Léo Taxil et Montépin, Morphy avec Brieux et Thalamas.

Il faut dire, pourtant, que parents et enfants étaient de bonne foi. Leurs lèvres ne s'étaient point approchées de la coupe de Vérité. Le catéchisme appris et récité à la hâte avant la première communion, n'était qu'une formalité à laquelle il faut se soumettre pour obéir à la routine. Le grand acte, suite et complément final de cette formalité, n'avait donc aucune importance. Cela n'empêcha pas qu'il fut dignement accompli et la confession qui précède loyalement faite.

L'on peut traiter d'aberration cette mentalité spéciale des Debeny. Malgré une éducation faussée jusque dans ses moindres parties, l'honnêteté se retrouvait dans toutes les actions de cette famille, dans ses conversations, dans ses critiques des livres lus comme dans ses rapports sociaux. Elle était honnête comme l'on respire, instinctivement. C'est peut être à cela que le ménage devait de rester loyal et uni, et que Robert, Solange et Antoinette durent de ne point tomber dans les fautes irréparables, malgré l'immoralité de leurs auteurs favoris et les propos ultra légers de la plupart de leurs visiteurs. Dieu préparait sans doute ses voies.

Ils étaient pourtant devenus bien complètement impies, ces pauvres enfants ! Rien n'était sacré pour eux et s'ils ne blasphémaient que légèrement c'est qu'ils ne croyaient point. A quoi bon injurier ce qui n'existe pas ? Mais comme ils malmenaient entre eux les esprits faibles qui se laissent conduire par le clergé ! ces crétins à qui la croyance à l'immortalité de l'âme, au ciel, à l'enfer impose l'obligation d'obéir à des commandements soi-disant dictés par Dieu et par l'Église ! Comme s'il était nécessaire d'ordonner de ne point tuer, de ne point voler ! Est-ce que la loi naturelle ne suffit pas à l'homme pour bien vivre ? Et s'il y a des contrevenants à cette loi, les juges, les gendarmes, les prisons ne sont-ils pas là pour la faire respecter! Bah! disait la jeune Antoinette, Dieu, qu'il faut craindre, c'est le croquemitaine des enfants dont on menace les grandes personnes.

M. et Mme Debeny laissaient ainsi se développer les jeunes intelligences de leurs enfants dans cette atmosphère d'impiété; ils y poussaient même, le mari surtout, qui avait toujours sur le cœur la défaite que lui avaient infligée les cléricaux, à qui, pendant *trois années*, il tint rigueur et travailla contre leur influence par tous les moyens.

Puis, la fièvre du monde, qui n'avait point complètement quitté M. Debeny le reprit. Très friand de voyages, il se lança à fond, comme amateur, dans l'automobilisme. Ce n'était plus que randonnées sur les routes de France, de Belgique et d'Allemagne, ne restant chez lui que pour en repartir, seul, avec un domestique, ou avec sa femme, ou l'un de ses enfants à tour de rôle. Fréquemment aussi, il courait les chemins avec ses beaux-frères, tous deux aînés de leur sœur Mme Debeny. On les appelait l'oncle Jean et l'oncle Stanislas. Elevés également dans l'indifférence, ils étaient de ceux pour qui un bon repas, un bon lit, une bonne voiture constituent le summum de l'existence heureuse. Célibataires endurcis, riches à souhait, la vie n'avait pour eux que des sourires. Sporstmen, chasseurs, fervents de la roulette, des casinos et des plages à la mode, ils ne connaissaient que le plaisir sous toutes ses formes ; ils en usaient et en abusaient. A ce train de vie on vieillit rapidement. L'oncle Jean sentait se voûter sa haute taille ; parfois de légers accès de goutte l'avertissaient que la vieillesse n'était pas infiniment loin, et il y pensait de temps en temps. Légers nuages qu'emportait bientôt le projet d'une belle partie de golf ou de baccara.

Stanislas s'inquiétait davantage. Trapu, le cou collé aux épaules, sanguin au point de tourner au violet, diverses atteintes de vertige, précurseur de paralysie ou de congestion cérébrale s'étaient déjà produites. Il avait fallu recourir aux sinapismes, aux compresses glacées et aux purgations fréquentes. L'oncle Stanislas avait horreur de la mort, surtout de la mort subite, car après, disait-il, on ne sait pas trop ce que l'on devient.

— Qu'est-ce que tu veux que l'on devienne? ripostait Debeny, quand on est mort, tout est bien mort !

— Heu, heu, on le dit, mais ce n'est pas certain du tout, et je ne serais pas mécontent de n'être admis que le plus tard possible à m'en rendre compte.

Cette vie active de Debeny avait assoupi sa haine contre la religion et les prêtres. Plusieurs fois ses FF∴ haut placés du Grand-Orient avaient fait appel à ses sentiments maçonniques, essayant de lui persuader que le grade d'Apprenti devrait être dépassé par lui depuis longtemps. Apprenti, Compagnon, Maître, c'est bon pour les gogos et les imbéciles, lui répétait le Vénérable de la *Solidarité Universelle*. Ces grades ne sont pas dignes de vous. A votre âge, initié depuis moins de dix ans, j'étais déjà Rose-Croix. Il y a deux ans j'ai été fait Chevalier Kadosh et j'espère bien ne pas en rester là. Notre association, frère, a besoin d'hommes éclairés comme vous pour remplir le grand but d'émancipation des consciences qu'elle s'est imposé et auquel elle travaille sans relâche, avec un succès toujours croissant. Que pourrais-je vous dire que vous ne sachiez vous-même? Les couvents de moines et de sœurs, foyers de superstition et de fanatisme, repaires de conspirateurs contre notre magnanime République sont fermés, vendus ou démolis.

Les moines et moinesses ont été chassés de la France qu'ils déshonoraient; leurs biens confisqués ont fait retour à la nation. Le gouvernement que nous avons installé dans le pays, nous, francs-maçons, a brisé avec le Pape, ce hideux suppôt d'un prétendu pouvoir divin; Rome n'est plus qu'un navire désemparé qui va se briser contre le premier écueil. Les députés que nous avons fait élire et les ministres que nous avons imposés, ont fait la loi de Séparation. L'État n'a plus rien à voir avec l'Église ; notre grand ministre Briand a dit en plein Parlement que le gouvernement est « areligieux » et anticlérical ; bientôt il dira plus nettement sa pensée en affirmant qu'il est « antireligieux ».

Nous avons laïcisé toutes les écoles populaires : la plupart des grands établissements d'enseignement secondaire sont dans nos mains. Tout cela va se compléter. Mais, je le répète, il nous faut des hommes, de vrais francs-maçons. Soyez tout à fait des nôtres.

Vous avez échoué aux dernières élections parce que vous n'étiez pas affilié et que nous n'avions pas assez travaillé votre circonscription. Maintenant nos loges y sont attelées, et, l'an prochain, quand vous vous représenterez, vous aurez un plein succès ; les futurs présidents des sections sont à nous, déjà ils sont désignés, le dépouillement sera fait de manière à vous donner toute satisfaction.

— Ne vous donnez pas la peine, répondit Debeny à cette longue apologie de la Maçonnerie et de sa puissance. J'ai constaté tout ce que vous me dites. Mais, que voulez-vous ! j'aime le grand jour et l'honnêteté avec passion. Or, dans vos rituels je n'ai trouvé que des formules de serment d'avoir à cacher tout ce que je verrais, entendrais et ferais.

Vous parlez des couvents où les moines se livraient à la conspiration ; nos loges sont closes comme un tombeau, aucun regard n'y peut pénétrer. Si nous ne conspirons pas contre la République, nous conspirons contre la liberté d'autrui. Ces biens que l'État a « pris » aux moines et aux sœurs étaient leur propriété. Ces confiscations peuvent être légales, elles n'en constituent pas moins un « vol », si nous appelons les choses par leur nom. Et cela je ne peux l'admettre.

Je veux bien lutter contre les catholiques dont les principes sont contraires aux miens, mais je ne veux pas aider à les spolier. Luttons contre des idées que je crois fausses, mais le bien des autres, je n'en veux pas !

Le Vénérable (?) quitta Debeny sur ces derniers mots, se promettant de revenir à la charge. Combien en avait-il vu de ces honnêtes gens que la Loge avait pris dans ses pièges, et qui, de grade en grade, de reniements en reniements, entraînés par le contact comme par un engrenage, n'avaient pu se retirer ! Une fois devenu député, Debeny aboutirait au même point.

IV

Nous sommes au début de l'été de 1909. La petite, mais suggestive scène du jardin que nous avons décrite au commencement de ce récit venait de se dérouler.

Par elle le lecteur a pu juger de l'effet pernicieux produit sur le moral de Robert et de ses sœurs par l'éducation irreligieuse et immorale qu'ils recevaient. Ces malheureux enfants en étaient arrivés à admettre, comme pratique et désirable, le retour abominable aux coutumes bestiales du paganisme, but de l'enseignement sectaire.

N'est-ce pas, en effet, ce but que se propose la Maçonnerie? Qui ne se souvient des scandales de la maison d'éducation mixte expérimentale de Cempuis, fondée par l'illustre F.·. Robin? de ceux, non moins odieux, de Porquerolles? Dès que Dieu est évincé d'un programme d'études, Satan s'en empare; de suite le Maudit agit, c'est-à-dire désagrège, pollue, pourrit; la bête humaine se découvre, et éperduement se rue vers la fange et l'ignominie. Aussi, nous en verrons de belles, quand les projets du gouvernement seront devenus des réalités!

La famille Debeny venait de se mettre à table,

quand un domestique entra dans la salle à manger, annonçant les oncles Jean et Stanislas. La maison n'était jamais prise au dépourvu ; on ajouta deux couverts, et le repas commença gaiement. La conversation roula presque aussitôt sur un sujet brûlant — c'est le cas de le dire — l'oncle Jean déclarant que le thermomètre montait tous les jours depuis une quinzaine, et qu'aujourd'hui même il avait atteint 37° à l'ombre. Rester à Paris, cette terrible fournaise, devenait impossible, les jeunes filles tomberaient sûrement malades ; d'ailleurs, toutes les familles riches prenaient la volée à la mer, à la montagne ou aux eaux. Alors, un conseil s'organisa. Debeny, qui avait un châlet en Engadine, optait pour la Suisse ; ses beaux-frères préféraient Biarritz, où devaient venir de grands personnages étrangers ; les enfants, qui étudiaient la botanique à laquelle Robert ajoutait la géologie, réclamaient les Pyrénées, dont la flore et les gisements leur étaient inconnus. Quant à leur mère, caractère aimable et doux, elle se rangeait à l'avis de chacun, ne désirant qu'une chose : contenter tout le monde. L'avis des enfants prévalut. Il fut donc décidé que le premier juillet, et de bonne heure, on se mettrait en route ; que le voyage se ferait en automobile, à petites journées, sur la grande limousine 48 H. P. De Paris, on irait à Orléans, puis à Tours et à

Poitiers, de là on gagnerait Bordeaux d'une traite, et l'on s'y reposerait deux ou trois jours. Puis, afin d'éviter la traversée ennuyeuse des landes, on piquerait droit sur Toulouse. La route est courte de Toulouse à Tarbes et à Cauterets, qui devait être le quartier général et le point de départ de toutes les excursions.

C'était vraiment un beau voyage, surtout si aucune anicroche n'arrivait en chemin ; chacun se promettait du plaisir à « plein collier. »

— Nous emporterons nos kodaks, nos lorgnettes et le télescope de papa, dit Solange ; nous l'installerons sur le plateau du Vignemale.

— Oui, ajouta Mme Debeny, et nous emporterons aussi la boîte à pharmacie, achetée l'hiver dernier à Londres ; on ne sait ce qui peut arriver.

— Et des pneus de rechange.

— *All right*, termina l'oncle Stanislas qui se flattait de parler l'anglais mieux qu'un naturel de la Cité.

Quinze jours d'attente sont vite écoulés. Quatre domestiques furent envoyés en avant par le chemin de fer, afin de préparer les logements. La garde de l'hôtel fut confiée au concierge et à un vieux valet de chambre mis à la retraite. Le premier juillet, nos sept personnages, bien installés sur les trois banquettes de l'auto, se mirent en route.

V

La rapide voiture roulait, soulevant sur son passage des flots de poussière, dont profitaient largement, sinon avec satisfaction, les malheureux piétons. Les premières étapes furent allègrement franchies, selon le programme. A Poitiers, les oncles rencontrèrent un ami, au café du Globe de la place d'Armes, et ce ne fut qu'assez tard dans la soirée que M. Debeny mit le cap sur Bordeaux. Il faudrait voyager une partie de la nuit. Cela n'effraya personne, au contraire. La température est plus fraîche ; le soleil, passé aux antipodes, n'aveugle plus par son rayonnement sur la route blanche ; les troupeaux ne gênent pas la marche de l'auto, et le ciel est si beau sous sa parure d'étoiles !

Onze heures venaient de sonner au clocher du dernier bourg traversé en avalanche ; la lune s'était cachée derrière les nuages. Tout à coup, une vive clarté illumina l'horizon. Des flammes mêlées à une épaisse fumée montaient en se tordant, et si haut que l'on aurait dit une futaie en feu. Peu à peu, en approchant, le rayon visuel précisa le point où sévissait l'incendie. Ce n'étaient pas des chênes immenses qui brûlaient, car l'on voyait les flammes sortir des fenêtres d'une grande construction ressemblant, par sa forme, à une caserne ou à une fabrique. Ce bâtiment n'était pas placé sur la route, mais assez sensiblement sur la gauche. L'auto s'y dirigea par un chemin vicinal, traversant un bourg inconnu, dont les habitants, réveillés en sursaut, s'appelaient les uns les autres.

Debeny, éclairé par le gigantesque phare de l'incendie, marchait à toute allure, pensant que les bras de quatre hommes seraient peut-être utiles.................................

....

— Mais quel est donc cet homme qui court à perdre haleine, dans la nuit, vers le brasier? Sa tête est nue; un long vêtement noir le couvre : l'on dirait un curé! Il va se casser le cou dans les pierres et les ornières de ce mauvais chemin, où l'auto elle-même se tient assez mal.

— Oui, c'est un curé!.......................

....

Une voix s'éleva, haletante : Vous allez vers le sinistre, monsieur; de grâce, emmenez-moi! L'auto s'arrêta. C'était bien un prêtre, en effet, vieux et cassé; la gorge sifflante, le cœur battant à étouffer, il ne pouvait plus dire un mot. On le hissa dans la voiture. L'oncle Jean passa son bidon à moitié plein de chartreuse; le prêtre but quelques gorgées.

— Marchez, monsieur, dit-il, marchez vite... Ces pauvres gens meurent peut-être horriblement à la fabrique, et je suis là. C'est le bon Dieu qui vous a mis sur mon chemin.

En quelques phrases courtes il apprit à nos amis que l'incendie dévorait une grande papeterie, où l'on travaillait le jour et la nuit. Des maisons d'ouvriers sont accolées aux magasins, derrière, dit-il, et je crois bien voir d'ici que le feu les atteint. « Mon Dieu, mon Dieu, ayez pitié de ceux que vous avez confiés à ma garde ! »

Cinq minutes plus tard, l'auto stoppait à cent mètres du fléau. Tous les hommes descendirent.

— Par ici, messieurs, dit le curé.

Mme Debeny et ses filles descendirent à leur tour : Solange et Antoinette voulaient aller rejoindre leur père, mais Mme Debeny s'y opposa, disant qu'elles seraient peut-être plus utiles ici. Elle prit dans le coffre de la voiture la boîte à pharmacie qu'elle posa sur l'herbe, et, à tout hasard, l'ouvrit.

Des cris se faisaient entendre autour d'elles ; les gens du bourg arrivaient en masse, allant offrir leurs bras pour transporter de l'eau. Du foyer incandescent s'élevaient les paroles brèves des contre-maîtres, donnant des ordres au personnel enfiévré de l'usine. On voyait des corps s'agiter dans la fournaise ; de pauvres ouvriers, transformés en héros, suspendus aux corniches des bâtiments, coupaient les poutres, faisaient la part au feu.

. . . .

Voilà Robert qui revient, noir de fumée; il porte un corps d'homme sur ses bras; son père aussi apporte un corps, une fillette. Sont-ils morts?

. . . .

Les malheureuses victimes sont allongées sur une couverture retirée de l'auto. Mme Debeny et ses jeunes filles s'agenouillent autour d'elles, cherchant le cœur, qui bat encore, et les blessures qui sont affreuses. Avec de doux mouvements elles les pansent. Leurs mouchoirs de batiste, trempés dans l'eau courante du fossé, nettoient les visages tuméfiés ; tendrement, leurs mains blanches soulèvent les membres pour s'assurer de leur état.

— Le curé est un héros, dit Debeny; il les confesse tous au milieu du feu; il a commencé par ceux-ci et par une vieille femme paralytique qui est morte aussitôt après. Jean et Stanislas l'apportent.

Et il retourna en courant vers l'incendie.

VI

Dans la pauvre salle à manger du presbytère deux cadavres sont couchés. Le curé est à genoux, les mains jointes, les yeux en larmes fixés sur le grand crucifix blanc placé au-dessus de la cheminée. La famille Debeny et les oncles sont là, debout autour des pauvres corps brûlés, les hommes noircis par la fumée, les vêtements déchirés; les femmes, la toilette en désordre, pleurant comme le curé.

O charité, rayon divin! Elle a rapproché, lié, en quelque sorte, pour un moment, l'incrédulité et la foi, la haine et l'amour! Des hommes, des femmes, dont la seule vue d'un prêtre provoquait les moqueries, sont auprès de celui-là, cherchant à le consoler dans sa douleur d'avoir perdu si horriblement deux de « ses enfants! »

— Ils sont partis vers Dieu, les chers amis, disait ce bon pasteur; ils ont souffert en un instant les terribles tourments de l'enfer; mais leur âme a été purifiée; l'absolution qu'ils ont reçue, notre divin Sauveur l'a ratifiée!

Peu à peu la clarté du jour naissant pénétrait dans la salle, permettant de distinguer les objets qui la garnissaient. Au milieu, devant la cheminée près de laquelle reposent les cadavres, une petite table ronde recouverte d'une toile cirée ; contre le mur, face au crucifix, une statue de Notre-Dame de Lourdes, posée sur un buffet de noyer à deux portes ; de chaque côté de la statue, deux jolis bouquets de roses blanches laissent échapper leur doux parfum. Près de la cheminée, un vieux fauteuil de paille ; contre la cloison, quatre chaises, également en paille. Autour des murs, quelques gravures encadrées, un Sacré-Cœur, le portrait de Pie X, ceux de l'évêque du diocèse et du curé d'Ars, levant la main droite, comme pour bénir.

C'était tout, et c'était misérable.

Les yeux étonnés de la famille Debeny erraient sur ces pauvres choses, qu'ils savaient n'avoir pas été mises là pour les recevoir et inspirer leur pitié ; ils n'en revenaient pas.

Le curé s'en aperçut.

— Je vous demande pardon, mes bons amis, de vous avoir reçus dans ce pauvre logis. Il n'est point la demeure d'un grand. Cette pièce est la plus convenable, et la seule où je pouvais déposer mes chères mortes. J'avais mieux, il y a peu d'années, mais le maire de la commune, sur des ordres venus de plus haut, m'a chassé de mon presbytère. Je n'ai trouvé à louer que cette maisonnette. Sans avoir un mobilier considérable, j'avais à peu près « ce qu'il faut. » J'ai gardé ceci et un poêle pour la cuisine. Les autres meubles sont chez l'institutrice libre que j'ai fait venir pour remplacer les sœurs, chassées avant moi de *leur* maison, dans laquelle le gouvernement a installé l'école communale.

— Vous n'avez pas de domestique, monsieur le curé ? demanda Mme Debeny.

— Pas dans le sens absolu du mot, madame. Une de mes paroissiennes vient chaque matin faire le ménage et nettoyer. La plupart du temps je fais moi-même ma cuisine : il en faut si peu à un vieillard de soixante-treize ans ! Le pays n'est pas riche, voyez-vous, et depuis la Séparation nous ne recevons plus, nous, prêtres, qu'une allocation fournie par les fidèles, qui est loin d'atteindre le montant de notre ancienne indemnité concordataire.

— Et les pauvres ? demanda l'oncle Stanislas.

— Que voulez-vous, cher monsieur, eux aussi se ressentent du nouvel état de choses ; pourtant, ils n'ont pas eu trop à se plaindre, ici, depuis deux ans. Mon verger et ma basse-cour ont particulièrement bien réussi ; la vente des fruits et des volatiles a été bonne : ils en ont profité...

— Mais l'on doit bien vous aider, interrompit Robert, qui passait d'étonnements en étonnements.

— Oh ! sans doute, mon jeune ami ; M. P..., le maître de la papeterie, qui est un brave homme, paie le médecin et le pharmacien pour ses ouvriers malades, et il me remet deux cents francs, tous les ans, à Noël, pour en faire la distribution. C'est beau, cela ; sûrement le bon Dieu le récompensera de sa générosité. Autrefois, ajouta tristement le vieux curé, le maire, qui était alors le comte de L..., m'en donnait autant. Depuis plusieurs années, le Conseil municipal est socialiste, le maire aussi, quoique très riche, et il est franc-maçon. Le comte de L... ne vient plus visiter ses propriétés, un régisseur s'en occupe. Il habite Paris, de sorte que maintenant...

Le prêtre s'arrêta sur ce mot, qui en disait long ; une larme furtive s'échappa de ses yeux rougis par l'atroce chaleur du brasier de la nuit, et un long soupir sortit de sa poitrine oppressée.

— Excusez-moi, dit-il enfin, je vais mettre à votre disposition de l'eau, qui vous aidera un peu aux soins les plus indispensables, après un labeur pareil à celui auquel vous venez de vous livrer. Mais auparavant, laissez-moi vous remercier de votre héroïque dévouement. Chacun de vous a rempli une tâche admirable. Vous, Messieurs, jusque dans les greniers en flammes, vous êtes allés retirer les malheureux que les premiers effets de l'asphyxie avaient endormis d'un sommeil qui, sans vous, eût été le dernier. — Vous, Mesdames, par vos soins inappréciables, vous avez rendu la vie à plusieurs d'entre eux, vous avez pansé les blessés; l'une de vous — et il regarda Antoinette — est allée jusqu'à baiser pieusement au front, comme l'aurait fait sa mère, qui ne la verra plus jamais, la charmante enfant endormie sous ce drap pour toujours.

Oh! Celui dont l'amour sublime ne veut pas qu'un verre d'eau donné en son nom reste sans récompense, saura se montrer aussi généreux que vous, il vous récompensera royalement, car tout lui appartient sur la terre et dans les cieux. Soyez bénis! Mon cœur de prêtre et de père ne ne vous oubliera jamais, et pas un jour de ma vie — ils sont comptés maintenant — ne se passera sans qu'une prière toute spéciale ne monte de mes lèvres au ciel pour votre bonheur éternel. Ses yeux se fixèrent de nouveau sur le crucifix... son cœur priait.

Après quelques instants, le vieux curé se retourna pour s'excuser encore : il avait à s'occuper de ses morts, et l'heure de sa messe approchait.

— Je vous laisse, dit-il; dans un moment nous nous retrouverons. Puis, apercevant Solange, dont le regard semblait rivé sur la statue de la Sainte Vierge, il prononça d'une voix tendre : « Oh! Marie, bénissez ces jeunes filles, bénissez leur excellente famille. »

— Quelle personne représente cette statue? demanda Antoinette, je n'avais jamais vu la pareille.

— Comment ! s'écria le prêtre, vous ne connais, sez pas Notre-Dame de Lourdes, la Vision céleste dont les bienfaits inondent le monde !

— Lourdes ? Si, Monsieur le Curé, nous savons-nous avons lu son histoire.

— Celle de Henri Lasserre, peut-être ? C'est la première qui ait été publiée, elle est incomparable.

— Non, pas celle-là.

— Laquelle, mon enfant ? Serait-ce l'*Œuvre de Lourdes*, de Boissarie, l'éminent docteur ?

— Non, répondit Solange, c'est *Lourdes*, d'Émile Zola.

La figure du vénérable curé sembla se décomposer; il chancela. M. Debeny le soutint, lui demandant s'il se trouvait mal.

— *Lourdes!* par Zola ! Pauvres enfants ! Un homme a écrit ce livre ; Satan seul a pu l'inspirer !

S'approchant de l'image de la Vierge, le prêtre la baisa respectueusement aux pieds, comme pour lui demander pardon, puis, jetant sur la famille Debeny un long et triste regard, il sortit.

VII

Jusqu'à Bordeaux le voyage fut silencieux. Les gais propos s'étaient tus; chacun de nos héros réfléchissait sur les heures terribles de la nuit précédente, et l'instabilité de la vie humaine apparaissait à leur esprit comme un insoluble problème.

Rien donc d'assuré dans les projets; rien de certain dans les prévisions. On se promet une chose, c'en est une autre qui arrive. Que la destinée est capricieuse et injuste. Voyez ces deux malheureuses créatures, placées aux deux pôles de la vie, que la mort, une mort affreuse, a fauchées cette nuit. L'une, prise dans son lourd sommeil de malade, atteinte par les flammes contre qui elle ne peut lutter, la vieillesse et la paralysie la clouant sur son lit; l'autre, une enfant, victime de l'intense frayeur qui s'est emparée d'elle. Elle a voulu fuir, mais, affolée, prenant par erreur la porte d'une pièce dont le plancher s'est effondré pour celle de l'escalier qui lui eût permis de s'échapper, elle tombe dans le brasier, d'où l'oncle Jean, au péril de sa vie, l'a retirée déjà presque morte!

L'avenir, mystère insondable! Il ne nous est pas même possible de fixer le présent. On dirait qu'une puissance supérieure arrange tout à son gré, sans tenir compte d'aucune autre volonté. C'est la « fatalité » stupide; personne ne peut s'en défendre ni la prévoir!

. . . .

La famille Debeny s'était logée dans l'un des principaux hôtels du centre de Bordeaux. Il s'agissait d'abord de remplacer les vêtements devenus inservables, ensuite de se reposer. L'on décida donc de rester trois jours entiers dans cette ville, que ne connaissaient pas les enfants, et d'en visiter les curiosités principales.

Au dîner, servi dans son appartement, M. Debeny annonça à sa famille, avec un plaisir non dissimulé, qu'il avait envoyé « au brave homme de curé » un billet de cinq cents francs pour les victimes de l'incendie, et un autre de cent pour lui-même, « car c'est une honte de laisser ainsi dans la misère de pareils hommes dont la vie, j'en suis sûr, a été tout entière consacrée au dévouement. »

Femme, enfants, beaux-frères le félicitèrent de sa bonne action et voulurent y participer.

— Eh! eh! mon cher frère, dit en riant l'oncle Stanislas, je parie que si vous étiez resté deux jours de plus chez le curé, il vous aurait converti.

— Ne pariez pas, vous seriez sûr de perdre. Pour se convertir, il faut croire; or, je ne crois à rien, parce qu'il n'y a rien. Ce que je crois, pourtant, c'est que l'on noircit trop le tableau qui nous montre les curés à leur œuvre de haine. Je suis certain que celui-là n'a jamais haï personne. Ce sont des fainéants qui s'engraissent de la sueur du peuple, qui trament dans l'ombre contre la société nouvelle; ils sont gourmands, rapaces, que sais-je encore! Ce vieillard de trois quarts de siècle, qui volait plutôt qu'il ne marchait, en pleine nuit, sur le chemin rocailleux, au secours de ses paroissiens, dédaigneux de son repos, est-il un paresseux? Lui, qui reste sans meubles pour les avoir donnés, est-il un rapace? Il s'est plaint du régime actuel, pourquoi? parce que ce régime lui a enlevé le moyen de soulager ses paroissiens. Et sa masure, son intérieur annonçent-ils que la « sueur du peuple » lui ait profité, démontrent-ils le bien mal acquis par d'abusives manœuvres?

— Oh! cet intérieur, gémit Mme Debeny, dont le plus grand souci était de rendre le sien plus confortable, plus luxueux que n'importe lequel de ceux qu'elle connaissait, cet intérieur, quelle misère! c'est presque sordide.

— Eh! maman, il a donné tout ce qu'on ne lui a pas pris, s'écria Antoinette.

— Ça, c'est le meilleur moyen pour n'avoir pas

à craindre les cambrioleurs. Il n'en est pas moins vrai que si tous les prêtres ressemblaient à celui-là, il y aurait lieu de changer d'avis à leur égard, c'est du moins celui de l'oncle Jean.

— Dame, mon oncle, repartit Robert qui aimait la logique, ils peuvent très bien se ressembler. Rien ne nous dit que si l'incendie s'était produit sur le territoire d'une autre commune sur notre route, nous n'aurions pas trouvé un autre curé aussi dévoué, aussi simplement héroïque que le nôtre.

— Il y a là, en tout cas, quelque chose d'extraordinaire et de surprenant. Se dévouer un peu quand on en a comme nous les moyens, que l'on est agile et jeune, ou presque jeune, cela se comprend ; c'est de la gymnastique pour le corps et pour l'esprit. Mais à cet âge, sans espoir de récompense autre que le contentement de soi-même ! J'avoue ne pas comprendre.

— Le ministre va le décorer, plaisanta Solange.

— Ce qu'il s'en moque ! riposta Robert.

La causerie s'acheva avec la soirée, sans qu'aucun de nos amis parvînt à déterminer le pourquoi du dévouement et de l'abnégation du vieux curé. Nul d'entre eux n'apercevait l'éternelle récompense du ciel.

Deux jours après, une lettre arriva au bureau de l'hôtel à l'adresse de M. Debeny.

Voici cette lettre :

« Cher Monsieur,

« J'avais bien raison, l'autre soir, de dire que « le bon Dieu vous avait mis sur ma route. Non « seulement vous m'avez permis d'arriver à « temps pour exercer mon ministère sacré auprès « de mes pauvres paroissiens que le feu dévorait, « mais, par un don princier, vous me permettez « encore de soulager leur détresse.

« Oh! que je vous remercie! Que de bien je « vais faire avec les six cents francs que vous « m'avez envoyés! — car je ne veux rien garder « pour moi de votre généreuse offrande, je n'ai « besoin de rien. — Beaucoup de ces malheureux « ont entièrement perdu leur petit avoir; de plus, « le chômage forcé de l'usine va durer un certain « temps, et il va falloir du pain. J'en aurai à leur « donner avec tout cet argent tombé du ciel par « votre intermédiaire.

« Non, vraiment, ma reconnaissance ne s'étein- « dra jamais.

« Elle ne peut se traduire que par de ferventes « prières pour vous et tous les vôtres. J'implo- « rerai Notre-Seigneur pour qu'il vous accorde « sur cette terre toutes les consolations auxquelles « vous donnent droit votre dévouement et votre « charité. Je demanderai à la Vierge, Reine des « Anges, de protéger ceux que Dieu vous a

« donnés dans la personne de vos enfants bien-« aimés. Je lui demanderai de vous montrer à « tous le chemin du ciel, où nous nous retrouve-« rons un jour, malgré les obstacles qui peuvent « se rencontrer. Ces obstacles, nous les vaincrons, « car la charité fille de l'amour, force les portes « du paradis.

« Encore une fois, merci, merci !

« Votre à jamais dévoué,

J. F.,

« *prêtre*, *curé de C...* »

— Je ne lui avais pourtant point donné notre adresse, remarqua M. Debeny.

— Tu auras sans doute écrit sur le papier à en-tête de l'hôtel : vois donc, le bon vieux curé a ajouté sur l'enveloppe « Faire suivre ». Il a pris ses précautions. Maintenant, nous pouvons continuer notre voyage, nous avons toutes les bénédictions.

— Il manque celle du Pape.

— Ne désespère pas ; ça pourra venir.

Un long rire accueillit cette boutade, qui voulait être spirituelle, mais qui, malgré tout, sonnait faux.

— C'est égal, dit Robert, il en a un « culot » le curé, pour parler comme au lycée, il n'a pas besoin d'argent pour lui ! Qu'est-ce qu'il lui faut donc comme *dèche* ?

VIII

Depuis un mois et demi, la famille Debeny était installée à Cauterets. Un peu en camp volant, néanmoins, car une excursion succédait aussitôt à une autre ; la plupart duraient plusieurs jours ; Robert et ses sœurs ne se refusaient rien des plaisirs sensationnels de la montagne. Les herbiers s'emplissaient à vue d'œil des espèces les plus rares, de celles que l'on ne trouve que sur les hauts sommets, dans les anfractuosités profondes ou au milieu des neiges inviolées. Le marteau de géologue frappait savamment la roche de quartz, ou les colonnes de basalte, que leur alignement fait ressembler à des tuyaux d'orgue ; parfois, des minerais inconnus apparaissaient, dont le creuset déterminera plus tard la nature et la valeur.

Les oncles rajeunissaient : le ski, là-bas, vers Gavarnie, la chasse à l'isard les entraînaient comme à trente ans.

M. Debeny et sa femme étaient de presque toutes les excursions, ils jouissaient du plaisir de chacun.

Bref, on était heureux.

IX

Désireux de se reposer un peu, après une promenade de quatre jours à la Maladetta, nos amis étaient rentrés à l'hôtel. La table d'hôte était d'ailleurs brillamment fréquentée par des touristes de choix ; on y remarquait même plusieurs célébrités des arts et des lettres. La conversation de ce monde select intéressait beaucoup les enfants Debeny. Leur instruction solide leur permettait d'en comprendre les sujets ; souvent même ils y prenaient part, sans ostentation, avec esprit ; aussi les convives les estimaient-ils beaucoup, eux et leur famille.

Le lundi, 16 août, arriva un groupe d'une dizaine de personnes dont les allures distinguées plurent de suite aux habitués. Ces gens venaient de Lourdes. Longuement, ils parlèrent de la magnificence des cérémonies de la veille, fête de l'Assomption, dans les sanctuaires ; de l'affluence des pèlerins venus de diverses contrées de la France et de pays étrangers. On les écoutait avec une évidente satisfaction, et de tous les points de la table on les interrogeait. L'un d'eux surtout, parlait avec une mâle fierté et une rare assurance, en homme convaincu et *qui sait*.

— Dans deux jours, disait-il, arrivera le Pèlerinage National avec ses cinquante ou soixante mille fidèles ; en même temps commencera le Triduum de Jeanne d'Arc, la grande Française. L'abbé Gayraud, député du Finistère, prendra la parole au cours de ces trois journées dont la splendeur n'aura eu d'égale que la magnificence de celles de l'année précédente, année inoubliable du cinquantenaire des apparitions de la Vierge à Bernadette.

— Vous y assisterez sans doute ? demanda Debeny non sans une certaine pointe d'ironie.

— Soyez-en sûr, monsieur ; nos chambres sont retenues à l'hôtel, et, dès jeudi nous retournerons vers ces lieux dont l'attirance particulière n'a pas d'égale au monde. Jérusalem, où le Christ a vécu, est tombée sous le poids de sa malédiction ; c'est à peine si des traces du passage de l'Homme-Dieu subsistent encore. Rome, d'où rayonne la puissance divine de l'Église ; Rome, la capitale du monde chrétien, se résume au Vatican et à Saint-Pierre. Elle fixe l'attention de l'univers, mais n'exerce pas sur les peuples la merveilleuse attraction de Lourdes. Oui, Rome c'est Dieu avec son éternelle Vérité, avec sa suprême autorité, confiées au Souverain Pontife, contre lesquelles viennent se briser l'erreur et le mensonge, et jusqu'à la puissance des rois. Lourdes, c'est Marie, la Vierge-Mère, sa grâce, sa merveilleuse beauté et ses innombrables bienfaits ; Lourdes, c'est le ciel entr'ouvert, c'est l'espérance et c'est l'amour ! De tous les points du globe accourent par milliers les foules enthousiastes. Si du Siège de saint Pierre Dieu règne et gouverne, à Lourdes, il se manifeste tangiblement, ouvertement ; c'est de là qu'il verse le torrent de ses grâces toujours renouvelées ; c'est de là que par sa Mère il guérit les infirmités humaines ; les maladies du corps et de l'âme, qu'elles qu'en soient le caractère et la malignité, y trouvent la guérison et la paix.

— A vous entendre, Monsieur, je croirais facilement que vous êtes un prêtre, caché sous un costume de gentleman, déclara l'oncle Stanislas.

— Hélas, non, Monsieur, je n'ai point ce grand honneur ; je me contente d'avoir été général commandant de corps d'armée. Si j'étais prêtre, je ne dissimulerais pas ma qualité sous un vêtement d'homme du monde ; je porterais ma soutane avec plus de fierté encore que j'en éprouvais sous les épaulettes et les étoiles. Le prêtre est plus heureux que le soldat, Monsieur, car le soldat est obligé d'abandonner son uniforme lorsqu'il atteint la limite d'âge ; la tenue glorieuse qu'il portait sur les champs de bataille, au service de la patrie, passe au vestiaire comme une loque inutile. Le prêtre, lui, garde jusqu'à la mort la livrée de Jésus-Christ, elle le suit dans le tombeau.

— Soyez sans inquiétudes, mon général, dit un voisin de table ; au dernier jour, bien que vous n'ayez pas votre uniforme, Dieu vous reconnaîtra, il saura que vous avez été un vaillant parce que vous êtes resté un croyant.

— Comme il vous reconnaîtra, mon cher ambassadeur qui avez tant de fois lutté contre la force pour le droit.

Après le café, la famille Debeny, au complet, quitta l'hôtel et dirigea sa promenade vers Calypso, cherchant un coin d'ombre où elle pourrait causer à l'aise. Les paroles du général, si pleines de conviction, avaient produit sur l'esprit des aînés une certaine impression et ils se taisaient. Les enfants, dont le caractère plus léger s'arrêtait moins longtemps aux réflexions abstraites, les jeunes filles surtout, parlaient, cependant contre leur habitude, des toilettes des jolies touristes de Cauterets et du bal en préparation pour le dimanche suivant ; aux dires des organisateurs ce bal serait une merveille, le cotillon surtout.

On découvrit le coin cherché et tout le monde s'assit. Robert, qui était plus préoccupé qu'il ne voulait le paraître, demanda presque aussitôt ce qu'il fallait penser du général et de ses paroles pendant le déjeuner.

— Il me semble, dit-il, qu'il a beaucoup exagéré. Zola dit qu'en effet il vient à Lourdes beaucoup de monde, mais il ne parle pas de pareilles foules. Des quarante mille, des cinquante mille et plus de pèlerins, n'est-ce pas fou ! Outre que Lourdes ne pourrait loger pareille populace, est-il possible d'admettre que tant de gens pratiquent de semblables superstitions. Car, enfin, Dieu, la Vierge, qu'est-ce ? des hypothèses. Il y a des cas de guérison à Lourdes, soit ; mais, à Dax aussi, il y en a ; des rhumatisants y trouvent les uns la guérison, les autres une notable amélioration, grâce aux eaux thermales. Et à Barèges, à Saint-Sauveur, dans tout ce pays que nous visitons en ce moment le même fait se reproduit journellement. Il n'est donc pas surprenant que les eaux de Lourdes aient une vertu particulière pour certaines affections.

— Tout cela est des plus spécieux, répliqua l'oncle Jean, mais je me demande quelles vertus curatives peuvent bien avoir les eaux de Lourdes. J'en ai lu l'analyse ; elles ne sont ni alcalines, ni ferrugineuses, ni sédatives, pas même chaudes. On les dit au contraire très froides.

— Alors, elles produisent une réaction favorable du sang.

— Bon ; mais, dans ce cas, la guérison n'est que momentanée ; ce n'est plus une guérison, c'est une suspension du mal.

— Une chose me frappe que je place bien au-dessus de la vertu possible des eaux, dit

M. Debeny dont la bonne foi se manifestait, comme nous le savons, en toutes choses. Il y a bien des lieux en France où des améliorations de santé, même des guérisons de maladies se produisent, mais dans aucun l'on ne vient en foule, de tous les pays, apporter des malades par centaines. Ce matin même je lisais dans un journal de Pau que Lourdes avait reçu la semaine dernière, la visite de onze diocèses français, tous amenant des malades, et de cinq pèlerinages étrangers, autrichien, belge, italiens et américain. Il y a bien une raison à cet engouement qui dure, dit-on, depuis plus de cinquante ans.

— Peut-être une exploitation capitaliste bien lancée, bien organisée, bien administrée, avança Mme Debeny, toujours prompte à voir le côté pratique des choses.

— Une affaire, alors ; mais où sont les actions et les obligations ?

— Dans les mains des catholiques, parbleu !

— Mais la garantie, où est-elle ? Les immeubles ? Les terrains ? Il n'y a rien, ou à peu près rien comme domaine ; quant aux immeubles bâtis, des églises ! Vendez donc cela, en cas d'insuccès ; car, enfin, les entreprises sont soumises à des fluctuations, à la faillite. Ici, plus le temps marche, plus l'affaire devient brillante, plus le succès s'affirme.

— Vous avez dit souvent, papa, que la bêtise

humaine n'a pas de limites, pensa tout haut Solange.

— La bêtise humaine ? Eh bien, sincèrement, je n'y crois pas, dans l'espèce, comme dit Jaurès. Le général de tantôt, son ami l'ambassadeur, le comte de Mérode, président du Sénat belge, qui est venu l'an dernier, Lasies, le député, et bien d'autres dont les journaux citent les noms, ne sont pas des imbéciles. On ne dira pas non plus que ce sont des exploiteurs ; leur honorabilité que tout le monde connaît, les met à l'abri de pareil soupçon.

— Alors ?

— Papa, s'écrièrent les jeunes filles, tu crois aux miracles de Lourdes ! Écris vite cela à notre ami le curé, tu lui feras plaisir.

— Je ne crois à rien du tout, répliqua sèchement M. Debeny. Mais il y a là un fait anormal dont je ne serais pas mécontent de me rendre compte.

— Rien de plus facile, mon ami ; nous avons une auto qui ne demande qu'à trépider. Les fêtes commencent le 20 ; partons demain. Nous ouvrirons nos sept paires d'yeux et d'oreilles. Avec cela nous verrons bien s'il y a ou non imposture.

— C'est dit ! et je vous jure que si je vois, dans cette affaire de Lourdes des dupeurs, je ne ferai ni comme Zola qui n'a pas conclu, ni comme le *Temps* qui ergote sans cesse, ni comme le *Journal* qui blague, mais évite d'aller au fond. J'arracherai les masques, hardiment, violemment, impitoyablement, dussé-je y manger la moitié de ma fortune.

— Tu as raison, mon père, dit sombrement Robert ; si, comme je le crois, les cléricaux de tous les pays obéissent à un mot d'ordre dans le but de tromper des malheureux, qui n'ont d'excuse que leur fanatisme et leur crédulité, il est de notre devoir à nous, qu'aucune passion n'aveugle, de travailler immédiatement, sans relâche, et par tous les moyens à la confusion des imposteurs.

— Ainsi soit-il ! conclut l'oncle Jean. Voilà un projet grandiose, auquel je me rallierai peut-être ; mais si, au lieu de découvrir une imposture, vous ne trouvez qu'une action surnaturelle, c'est-à-dire d'essence divine, que ferez-vous, ou plutôt que ferons-nous ?

— Dieu ! Dieu ! s'il existait ce serait la négation pure et simple de toutes nos doctrines de la libre-pensée. Je vous le demande, est-ce possible, cela ?

X

Le lendemain « une automobile savamment « dirigée dévalait la pittoresque route de Cauterets « à Lourdes. Une famille en occupait les sièges « moëlleux ; heureuse de vivre, sûre du lende- « main, grâce à sa grosse fortune, cette famille « devisait gaîment et se promettait de s'en payer « à tirelarigot une fois le but du voyage atteint. « Pensez donc ! On est libres-penseurs. Le père, « la mère, les deux jeunes filles, le fils, les deux « oncles, sont des gens d'esprit très fort ! On vient « à Lourdes pour s'amuser, pour voir la « tête » « de ces crétins de catholiques, agenouillés devant « une statue blanche à ceinture bleue, la priant, « les bras en croix..... » (1)

Le rédacteur de la pieuse feuille où nous relevons ces menus détails se trompait sur les intentions de nos voyageurs. Ils ne se rendaient pas à à Lourdes pour voir la *tête* des catholiques agenouillés ; ils y venaient en curieux, assurément, mais surtout en observateurs, en enquêteurs, dans l'intérêt de la vérité, sans doute ; peut-être davantage dans l'intérêt de la libre-pensée.

(1) *France ! Lourdes !* du 15 janvier 1910.

A leur arrivée, Lourdes se réveillait d'un repos de quelques jours. A l'approche du Pèlerinage National, on a besoin de se reprendre un peu ; il faut préparer les logements pour tout ce monde qui accourt par toutes les voies ferrées de France. Le National amène avec lui, chaque année, de mille à douze cents malades; tous les hôpitaux vont recevoir leur plein de misères. Les hospitaliers, les brancardiers, les dames hospitalières, arrivent par compagnies, demain ils seront à leur poste de service. Cela ressemble un peu à une armée qui prend position pour la bataille. Les magasins renouvellent leurs étalages ; chacun se démène avec une activité inaccoutumée.

Déjà les premiers trains sont signalés, c'est d'abord celui de Toulouse, d'où va descendre l'état-major de l'Hospitalité de Notre-Dame de Salut, Périgueux, Poitiers, Bordeaux, ensuite ceux de Paris, du Nord, puis encore de Paris, le train blanc des malades; ceux de Normandie, de Tours, d'Angers, de Laval, de Troyes, de Verdun, etc., seront arrivés demain soir et, vendredi matin, 20 août, commenceront à la Grotte, aux piscines, à la Basilique, au Rosaire, les exercices ininterrompus de ce pèlerinage justement appelé National.

La famille Debeny ne laisse rien perdre de ce va-et-vient énorme; chacun de ses membres observe, écoute, regarde, émerveillé de l'ordre qui règne partout. Sans heurts, sans cahots, sans aucun service d'ordre ni police, tout ce monde se meut avec l'aisance d'une armée en manœuvres, où tout est réglé, fixé d'avance. Pourtant, ici, aucun commandement, aucune pression n'agit. Seuls les hospitaliers et brancardiers ont des ordres à suivre, une consigne à observer. Le public est libre, il se dirige à sa guise ; chaque pèlerin suit son inspiration, va où sa piété le mène, n'ayant qu'une pensée : prier. Et il prie ! Il prie pour les malades d'abord, pour l'Église, pour la France — une malade aussi — pour ceux qu'il a laissé au pays, pour ses parents et amis qui l'ont chargé de leurs commissions auprès de Celle dont la grâce et la miséricorde accueille, console, exauce.

Le train blanc est en gare. Nos amis y sont aussi. Il n'ont garde de manquer le coup d'œil, qu'on leur a dit être unique, du débarquement des malades.

Les brancardiers, bretelle aux épaules, sont à leur poste, près des civières et des petites voitures à roues caoutchoutées. Au milieu d'eux, leur chef, un homme de haute stature, d'un geste, dirige le mouvement, commande la manœuvre, paternellement, certain d'être obéi de ses troupes, merveilleusement disciplinées.

Avec une sorte de tendresse, les brancardiers descendent les malades des wagons, doucement ils les déposent sur les civières et dans les voiturettes. Et cela dure longtemps. Il n'est pas pas facile de manier ces infirmes que leurs béquilles sont impuissantes à soutenir, ces déformés qu'enserre un appareil, ces tuberculeux dont certains vomissent le sang à la moindre secousse, ceux dont les plaies suppurent affreusement, transperçant les linges multiples qui les recouvrent.

A quelques pas de Robert, un journaliste prend des notes; c'est le correspondant d'un grand journal du boulevard que notre jeune homme a rencontré quelquefois dans les théâtres. Robert s'approche et lui demande si l'*Administration* paie ces hommes dont le travail est si pénible, même repoussant!

— Qui, quoi, l'Administration, payer! Quelle administration? Il n'y en a pas d'administration! Ces Messieurs... payés? Mais pas du tout, au contraire, ce sont eux qui paient!

— Vous vous moquez!

— Non mais, Monsieur, vous êtes de Paris, pourtant (je vous ai vu souvent, et pas dans les églises), je croirais bien, sans cela, que vous venez de la lune. Tenez, regardez ce jeune homme, les bras chargés d'un gamin dont la tête balotte, c'est le marquis de C..., il est de Versailles; l'autre qui vient après, poussant une voiture, est encore un marquis, il est de Paris, dans le XVIe. Et je continuerais comme cela jusqu'à demain, que je n'aurais pas fini. Vous voyez cette dame vénérable qui va d'une voiture à l'autre, dire un mot d'espérance aux malades, c'est une Altesse Tous les ans c'est comme cela; à chaque fois je vois leur nombre augmenter, leur charité aussi, si c'est possible; n'est-ce pas le plus admirable tableau qui se puisse imaginer?

A ce moment, M. Debeny et les oncles approchaient de Robert et du journaliste. Celui-ci continuait :

— El pendant les cinq jours du National, et avant, et encore après, leur dévouement ne faillira pas une minute. De l'hôpital à la Grotte et aux piscines ils transporteront leurs tristes colis, après celui-là un autre, sans arrêt, presque sans repos.

— Et il y a vraiment des guérisons?

— Cela, c'est comme si vous me demandiez si je crois aux miracles! Eh bien, cher Monsieur, je vous avoue franchement que je n'y vais pas voir. J'entends raconter autour de moi des choses déconcertantes, renversantes : des plaies énormes, profondes qui se cicatrisent instantanément; des membres devenus plus courts par maladie ou accident, qui reprennent leur longueur, des aveugles qui recouvrent la vue, que sais-je! Je ne m'occupe pas de ces choses-là. Pendant le National je vais me promener à Bagnères, ou ailleurs; j'écris mes chroniques de *chic*. Je ne vois pas de miracles, et n'en veux pas voir. Si j'en voyais, je deviendrais peut-être cagot. Alors, adieu à mes beaux appointements! Je serais obligé de passer au journalisme catholique. Et celui-là, vous savez, nourrit mal son homme.

— Vous êtes pratique.

— Je suis de mon siècle. Et vous?

— Moi!... La tête de Robert se pencha vers la terre et sans répondre il quitta le reporter. Puis, apercevant son père et ses oncles, il revint vers eux. Il leur exprima son étonnement de ce qu'il venait de voir et d'entendre et son admiration pour les brancardiers; il ne cacha pas non plus son dégoût pour ce folliculaire qui refusait de voir de peur d'être convaincu.

Y aurait-il donc quelque chose que je ne comprends pas? Une croyance fermement étayée est seule capable d'engendrer un dévouement pareil à celui dont nous sommes témoins, surtout de personnes qu'il est impossible de prendre pour des imbéciles ou des comparses.

— C'est mystérieux et inexplicable!

Nos promeneurs avaient descendu le boulevard de la Grotte et traversé le pont. Comme ils franchissaient la grille du domaine, Solange et Antoinette accouraient en criant : « Père, père, nous avons vu un miracle ! Mère l'a vu, comme nous. Oh ! oh ! et elles pleuraient de joie tout en battant les mains.

— Un miracle ! Vous avez éprouvé une hallucination, mes chères mignonnes, le miracle n'est pas possible ; voyons, vous vous trompez.

— Et avec nous plus de deux cents personnes, père ; non, va, non ! Si tu l'avais vu marcher !

Madame Debeny arrivait à son tour.

— J'ai la tête à l'envers : je n'y comprends rien de rien. C'est extraordinaire, et ce n'est pas de la comédie.

— Mes petites sœurs, vous n'êtes pas assez froides en ce moment, vous êtes exaltées ; avez-vous bu de l'eau de la Grotte ? demanda Robert.

— Voudrais-tu dire qu'elle s'est changée en vin et qu'elle nous a grisées ? Ce serait déjà un beau miracle, cela. Maman en a bu un plein gobelet, mais je n'avais pas soif, je n'en ai pas bu ; Solange non plus, répondit Antoinette. Venez, je vais vous dire ce que nous avons vu.

— Nous avions monté à la basilique. Tout autour de l'immense église des prêtres disaient la messe. A genoux, comme tout le monde, nous regardions ; c'était un spectacle nouveau pour nous. Les assistants priaient beaucoup. On chantait aussi. Je ne priais pas, car je ne me souviens d'aucune des prières apprises au catéchisme, mais j'aurais bien voulu faire comme les autres...

— Moi aussi, interrompit Solange.

— Pourquoi ?

— Un désir, un besoin que je ne peux expliquer.

Antoinette reprit : — Après une bonne demi-heure nous redescendons par les rampes, et, tournant à gauche, nous arrivons devant un bâtiment où sont établies des piscines. Il paraît que l'on y plonge les malades. On avait apporté plusieurs femmes arrivées ici ce matin de bonne heure. L'une d'elles, paraissant vingt ans, attendait son tour, couchée dans sa voiture. Cette jeune fille, jolie comme un ange de Raphaël, appela mon attention par sa figure pleine de confiance et de résignation. Penchée sur la balustrade je lui demandai qu'elle était sa maladie. — Une coxalgie avec fistule tuberculeuse à la hanche ; je suis couchée depuis huit ans, me répondit-elle ; et elle ajouta : si vous vouliez prier un peu pour moi, dire un *Ave Maria*, afin que la Sainte Vierge me guérisse, comme vous seriez gentilles !

Je n'osai lui dire que nous ne savons pas prier. Nous tombâmes à genoux, maman, Solange et moi, disant comme le prêtre qui priait dans l'enceinte.

— Seigneur, faites que je marche !

— Seigneur, guérissez les malades !

J'essayai même de répondre au chapelet, et je suivais mot à mot pour ne pas me tromper.

Enfin deux messieurs s'approchèrent de la jeune fille, la prirent dans leurs bras et la portèrent dans la piscine d'où ils sortirent aussitôt.

Dix minutes à peine s'étaient écoulées, lorsque nous entendîmes un cri perçant : « Je suis guérie ! » Je ressentis un coup au cœur ; que pouvait-ce être ? — Le prêtre, qui s'était arrêté de prier, s'écria, après avoir regardé dans la piscine : « Marie vient d'exaucer nos prières ; une malade « qui, tout à l'heure, ne pouvait marcher est « guérie ! Continuons sans nous lasser, et tout en « remerciant la Vierge, santé des infirmes, « demandons-lui toujours d'accueillir nos suppli- « cations ».

Nous attendions, anxieuses. Tout à coup nous voyons *notre* malade sortir du bâtiment, seule, sans aide, sans l'apparence d'aucune souffrance, d'aucune gêne. Les messieurs l'entouraient, et elle disait sans cesse merci, merci ; elle riait et pleurait. En passant près de nous, elle s'arrêta une minute et nous dit : « Ce sont vos prières « qui ont décidé la Sainte Vierge, mesdemoiselles ; « voici la troisième année que je viens lui deman- « der de me guérir. Jugez si je suis heureuse ! Et « mon père, et ma mère, quand il me verront « revenir *comme cela* à la maison. Oh ! merci, « merci ! »

— Qu'en a-t-on fait? demanda Robert.

— Les messieurs l'ont conduite au bureau médical, situé sous les arceaux des rampes. On nous a dit que les médecins de ce bureau possèdent les certificats des docteurs qui ont soigné précédemment les malades amenés à Lourdes.

— C'était empoignant, je n'en suis pas encore revenue.

— Mon amie, dit M. Debeny à sa femme qui venait de prononcer ces dernières paroles, n'y a-t-il point de comédie là dessous, quelque chose de convenu que l'on prend pour de l'argent comptant?

Oh! papa, s'écria Solange, si tu avais vu la figure joyeuse qu'avait cette jeune fille, comme elle semblait heureuse et reconnaissante, avec quels accents elle criait « merci! »

Les trois femmes pleuraient.

Les hommes se regardaient, muets de surprise, en gens qui comprennent de moins en moins.

Comme ils s'en retournaient pensifs, ils rencontrèrent le général de Cauterets qui les aborda étonné : « Comment! je vous retrouve ici! Vous avez voulu jouir du grand spectacle des foules en prières? C'est que ce n'est pas banal, en effet. Voici mon ami, le vice-amiral X..., qui a fait plusieurs fois le tour du monde sans avoir jamais été à même d'admirer pareil tableau.

— Monsieur le général, il se passe ici des choses absolument incroyables!

— Eh ! que se passe-t-il donc qui vous surprenne et vous agite, car je remarque sur vos visages une préoccupation dont je ne me suis pas aperçu à Cauterets.

M. Debeny raconta au général et à son ami le miracle dont sa femme et ses filles affirmaient avoir été les témoins. Elles vous confirmeraient elles-mêmes le fait, ajouta-t-il, mais elles viennent de nous quitter pour retourner vers la Grotte. Ma plus jeune fille prétend qu'elle y est attirée comme par un aimant.

Le général souriait dans sa moustache blanche.

— C'est cela qui vous émeut ? Vous aviez cru, peut-être, aux négations des journaux de la libre-pensée qui trouvent plus simple de se moquer de la crédulité des catholiques que de venir de bonne foi examiner les faits ? Ce que ces dames ont vu, cher monsieur, c'est la monnaie courante de Lourdes. Ces faits qui vous paraissent extraordinaires, et le sont en effet, charment et transportent d'admiration, mais ils n'étonnent personne ici. En quoi, d'ailleurs, pourraient-ils étonner ?

— En ce qu'ils sortent de la logique et de la raison.

— De la logique humaine, j'en conviens. Mais ils sont surnaturels ; la logique, pas plus que la raison, ne peut les expliquer. Quand je dis qu'ils n'ont rien de surprenant, c'est que je trouve tout simple, et ceux qui ont la foi, trouvent, comme moi, tout simple et tout facile au Dieu qui a ressuscité Lazare et le fils de la veuve de Naïm, qui s'est ressuscité lui-même trois jours après sa mort, de guérir les maladies les plus invraisemblables pour honorer sa Mère, la Vierge Immaculée, et lui en faire gloire.

— Vous nous voyez, monsieur le général, tout désorientés ; nous étions si peu habitués.....

Le général sourit encore, et un peu malicieusement :

— Repartez-vous pour Cauterets ?

— Nous ne savons ce que nous devons faire !

— Gardez-vous en bien, dit le général, sentant le doute dont ces âmes inquiètes étaient torturées ; restez, et venez demain voir encore. Je vous assure que cela en vaut la peine.

XI

C'est le 20 août, premier jour du Pèlerinage National. Dès six heures, commencent à la Grotte les messes des différents groupes qui le composent. A sept heures et à huit heures, deux messes épiscopales sont célébrées l'une après l'autre. Les communions durent longtemps, longtemps. Au Rosaire, deux autres messes épiscopales sont également célébrées, à neuf et à dix heures.

La Grotte et les abords des piscines sont archibondés. Le *Triduum* solennel de Jeanne d'Arc, qui, cette année, marche concurremment avec le National, va commencer; des évêques sont venus de divers diocèses pour s'unir à l'éminent évêque de Tarbes et de Lourdes, et rehausser de leur présence les magnifiques cérémonies annoncées.

De toutes parts la multitude chante et prie; les orateurs sacrés se font entendre, exaltant l'Immaculée, glorifiant notre petite Jehanne — la Vierge de Bethléem et la Vierge de Domrémy — et de toutes les bouches jaillit le cri éperdu de l'espérance et de l'amour : l'*Ave Maria*, qui, jusqu'à la fin du pèlerinage, ne cessera de retentir.

« Je vous salue, Marie ! » c'est la douce parole que Bernadette redisait à la Vision divine dont elle contemplait le céleste visage; c'est elle encore qui attendrit son cœur de Mère d'où va sortir le pardon et la grâce, le rayon éblouissant qui éclaire les ténèbres épaisses de l'ignorance et du doute.

La famille Debeny était là, les uns à la Grotte, les autres aux piscines. Plongés dans la stupéfaction, les hommes écoutaient ces bruits nouveaux pour leurs oreilles, ne trouvant pas un mot pour exprimer leurs impressions. Les femmes plus nerveuses, s'agitaient; chacun de son côté semblait chercher une voie qu'il ne trouvait pas.

Ils étaient troublés, indiciblement.

Devant la Grotte les malades, alignés sous l'œil de la Vierge, priaient avec une incroyable piété.

« Que chacun de nous s'oublie pour ne penser qu'aux autres, leur disait le prêtre, qui, de la chaire, dirigeait les prières. Offrez vos souffrances et jusqu'à votre vie pour la conversion des pécheurs. Dites à Jésus : « Mon Dieu, je « souffre, mes membres se tordent sous la dou« leur, ma poitrine se déchire, mes chairs se « détachent et tombent en lambeaux, les plaies « qui dévorent mon corps me brûlent comme un « fer rouge; dites, Seigneur, je suis aveugle; « Seigneur, je suis broyé par des années de mar-

« tyre, je suis anéanti. Tout cela, ô mon Dieu, « je vous l'offre pour le salut des pécheurs. « Laissez-moi infirme, laissez-moi difforme, « laissez-moi sanglant, faites-moi mourir si vous « le voulez, mais sauvez-les ; sauvez les âmes de « ces malheureux qui ne croient pas en vous, qui « vous blasphèment, qui font litière de vos com- « mandements. Sauvez les âmes de ceux qui « vous persécutent en la personne de vos minis- « tres, de ceux et de celles qui vous sont consa- « crés ; sauvez les âmes de ces impies qui veulent « faire de nos enfants des matérialistes et des « athées ; de ceux qui écrasent notre patrie sous « le poids de leurs iniquités. »

Et de tous ces malades une prière du cœur partait vers Celui qui donna l'exemple du sacrifice et de la souffrance, de Celui qui mourut sur la croix pour expier les péchés de l'humanité et s'immole encore tous les jours sur l'autel pour nous mériter le ciel. A voir l'air de sublime résignation dont ces pauvres visages étaient animés, on ne pouvait douter que chaque malade ne fût prêt à donner sa vie comme le demandait le prêtre.

Solange, plus anéantie que les grands malades, gisait à terre, agenouillée, comme prostrée. Antoinette, les yeux fixés sur la statue de la Vierge, priait. Que disait-elle ? A qui parlait-elle ? Une réminiscence de l'époque heureuse de sa première communion était-elle venue frapper son esprit? — Elle disait ceci : On vous nomme Marie; vous êtes la mère du Christ. Je ne vous connaissais pas. Maintenant je sais que vous êtes bonne, que vous êtes miséricordieuse. Je sais que vous êtes venue en ce lieu pour guérir les malades. Ils vous appellent leur Mère! Mon père, ma mère, mon frère, tous ceux que j'aime sont malades, comme moi-même je suis malade. Ayez pitié de nous; ouvrez nos yeux, car ils sont fermés; éclairez-nous, et surtout aimez-nous. Oh! oui, aimez-nous et guérissez-nous. Vous le ferez, car c'est pour nous que ces pauvres malheureux ont offert leur vie!

De grosses larmes coulaient sur son visage, ses bras en croix restaient tendus vers la Vierge chérie à qui elle demandait le salut.

Mme Debeny ne pleurait pas, mais ses traits s'étaient attendris, comme sous la rosée bienfaisante d'un matin de printemps.

Ces trois femmes, comme elles l'ont dit plus tard, auraient voulu rester ainsi toute leur vie.

Soudain les deux sœurs se sentirent touchées à l'épaule. Robert était là, faisant signe à sa mère et à elles de le suivre. A regret, elles quittèrent leur place et se dirigèrent vers les piscines où se trouvaient leur père et les oncles.

Tableau incomparable! Ici les malades, exaltés par la foi, se soulevaient de leur couchette de mort et priaient à haute voix ; ces êtres décharnés, écrasés par d'horribles souffrances, tendaient les bras comme pour appeler la délivrance : « Seigneur, guérissez les malades ! — Seigneur, si vous le voulez, vous pouvez me guérir ! — Seigneur, ayez pitié de nous, guérissez-nous ! — Salut des infirmes, priez pour nous ! »

Leurs voix qu'on aurait cru éteintes à jamais, clamaient à la Vierge puissante : *Monstra te esse matrem*. C'était à la fois impressionnant et sublime. Antoinette était plus blanche que le surplis des prêtres, directeurs des prières et des chants. L'oncle Stanislas s'en aperçut. Croyant qu'elle allait se trouver mal, il prit la jeune fille sous les bras et l'entraîna sur le banc de granit qui longe le Gave. Oh ! mon oncle, dit-elle, pourquoi m'avoir sortie de là ; j'étais si heureuse !

Toute la famille avait suivi l'oncle, sauf Robert. On le chercha. Son père l'aperçut à genoux sur la terre, les mains jointes, les yeux au ciel. . . . . .

. . . .

XII

Quatre heures. La procession du Saint-Sacrement s'organise.

Sur l'immense esplanade les malades sont rangés en quadruples lignes. « Toute la misère « humaine se trouve exposée là, sous le terrible « soleil d'août : l'horrible déballage des plaies, « des tumeurs, des membres gonflés, des organes « livrés au sourd travail de la corruption. Tous « les déchets de l'humanité, LES REBUTS DE « LA SCIENCE, les maladies qu'on n'ose plus « nommer, la *ferraille* inutile, l'amas épouvan- « table des maux délaissés qui éveille la pitié « sans espoir : tout cela gît dans l'attente du « Christ Sauveur » dont la majesté triomphante va s'abaisser pour pardonner et bénir.

A l'entrée de l'esplanade, un cortège d'hommes portant des cierges se déroule, venant de la Grotte. A leur suite, des centaines de prêtres, des évêques. Au milieu d'eux, une draperie d'or étincelle. Sous le dais qui s'avance, l'ostensoir resplendit.

Voici le Saint-Sacrement !

L'officiant, un évêque, quitte le dais et s'approche des malades, les bénit avec l'hostie dont la blancheur se détache au milieu du nimbe d'or de l'ostensoir.

Un cri puissant traverse l'espace :

— Seigneur, nous vous adorons !

Cinquante mille poitrines répètent l'invocation.

— Seigneur, nous vous aimons !

— Seigneur, nous espérons en vous !

— Béni soit Celui qui vient au nom du Seigneur !

— Hosanna au Fils de David !

— Hosanna !

— Hosanna !

Rien ne peut traduire l'enthousiasme délirant de la multitude qui adore et supplie, en acclamant Jésus-Christ.

— Seigneur, celui que vous aimez est malade !

Oui, mon Dieu, ceux que vous aimez et qui sont malades, ceux que vous cherchez pour les sauver, sont là ; attirez-les à vous.

— Seigneur nous croyons, mais augmentez notre foi !

Pitié pour eux, ô Vous qui avez versé votre sang pour leur salut; faites qu'ils croient en Vous.

La même voix vibrante entonne le *Parce Domine*.

Pardon, Seigneur, pardon pour votre peuple !

Le tonnerre des acclamations continue à

ébranler les basiliques; l'écho des montagues le répète; l'hosanna monte jusqu'aux cieux.

Nos amis sont à genoux sur le sable, le front courbé. M. Debeny écoute le *Parce Domine* et n'y retrouve pas le cri de la haine que, selon la libre-pensée, l'Église éprouve pour l'humanité. Il n'entend que des paroles de paix et de charité. Il se dit intérieurement que, pour prier comme pour agir, les catholiques ne se cachent point au fond de loges hermétiquement closes. C'est au grand jour que ces prêtres tant décriés et méprisés célèbrent leurs mystères, qu'ils expliquent à tous, amis et ennemis, exaltant leur Dieu, lui demandent la guérison des malades, le salut des pécheurs. Qu'est-ce que cela leur rapporte de satisfactions matérielles? Que leur fait, personnellement, que je meure impénitent? Libre-pensée, matérialisme, vous n'êtes qu'un mensonge! Comme ceux qui prient à mes côtés avec une si grande intensité de foi, j'ai une âme, je la sens vibrer au dedans de moi; elle me presse d'ouvrir les yeux. La vérité, je la vois, ô Dieu, c'est vous!

« Miracle! Miracle! » s'écrie-t-on à quelques pas.

Deux malades viennent de se lever simultanément : « Le Christ a passé, semant sa grâce, marquant de son signe divin les prédestinés. »

Adoremus, chante la foule, *adoremus in æternum!*

XIII

La procession et la bénédiction du Saint-Sacrement sont terminées, la première journée du pèlerinage est close, mais non les prières, qui se continuent dans les sanctuaires, à la Grotte, et jusque dans les rues de la ville mariale.

Maintenant, c'est le *Triduum*. M. l'abbé Gayraud va prendre la parole sur le parvis du Rosaire. Plus de vingt mille personnes se pressent autour de lui.

Nous ne reproduirons point ces magnifiques discours que la presse périodique a publiés. Mais nous dirons que l'éminent orateur sut mettre à nu les plaies de la patrie, en déterminer les causes, et en montrer les désastreux effets. En un style d'apôtre, il dénonça le plan de la Maçonnerie, son action occulte et son influence sur les consciences, amoncelant preuves sur preuves, ne laissant rien dans l'obscurité.

Nous ne dirons point, non plus, de quels applaudissements furent couvertes les grandes paroles d'anathème jetées à la secte infernale qui a corrompu la France, la mène à la décadence et à la mort.

Mais nous pouvons affirmer que ces sublimes

envolées avaient saisi tout entiers nos amis. Pas un mot n'était perdu pour eux. Ils se reconnaissaient quand l'orateur montrait l'impiété agissante, et ils se rendaient compte du mal qu'ils avaient commis contre eux-mêmes, contre la société et contre Dieu.

Et une crainte les saisit. Par leur exemple, par leurs paroles, par leur inlassable action contre la religion de Jésus-Christ, ils avaient à se reprocher de lourdes fautes, de celles, peut-être, que Dieu ne pardonne pas ; ils sentaient la réprobation peser sur eux comme un manteau de plomb.

Tout à l'heure, le prêtre-député montrait Jeanne d'Arc commençant son héroïque et miraculeuse mission par la pénitence, et ils pensaient que Jeanne, la douce bergère, n'avait jamais fait aucun mal. Leur vie serait-elle suffisante pour réparer le mal qu'ils se reprochaient amèrement maintenant. Ce Dieu, qu'ils affectaient d'ignorer tout à l'heure encore, voudrait-il pardonner leur mépris et leur ingratitude ?

Séparée pendant les discours, la famille Debeny se retrouva à la dislocation de l'immense assistance. Mais chacun de ses membres gardait le silence, à l'exception des jeunes filles qui voulaient absolument retourner à la Grotte, en dépit de l'heure du dîner, passée depuis plus de vingt minutes. Absorbés dans leurs réflexions, ils ne virent pas le général et son ami le marin. Celui-ci les aperçut et fit un signe au général qui, toujours souriant de son air énigmatique, dit d'un ton presque bas : « Ils y viendront, comme Huysmans et tant d'autres ! »

— Je crois qu'ils sont touchés ! répondit l'amiral.

XIV

La procession aux flambeaux déroulait en un interminable fleuve de feu ses longues théories de croyants. L'*Ave Maria* éclatait en fanfares que les anges, là-haut, pouvaient envier à la terre. Mais, était-ce bien la terre? Antoinette, qui avait pris des ailes, ne le croyait pas.

— Demain, dit-elle, je serai parmi ces chœurs. A mon tour, je porterai un cierge et je crierai le salut à la Vierge.

— Oh! ma petite sœur, tu n'iras pas seule : moi aussi, j'y serai!

Et les deux jeunes filles se jetèrent dans les bras l'une de l'autre.

— Mais, nous y serons tous, n'est-ce pas, père? dit fermement Robert, qui ajouta : « — Je ne peux plus y tenir! Ces misérables ont menti quand ils nous ont dit que Dieu n'est pas, que notre âme est un rêve de cerveau en délire, que les croyances catholiques sont surannées et indignes de générations instruites et intelligentes, quand ils nient la divinité de Jésus-Christ et de sa mission sur la terre.

« Je le dis et je l'affirme : Dieu est! C'est sa toute-puissance qui a tout créé, c'est d'elle dont tout dépend, c'est elle qui a donné des lois à l'humanité, c'est par elle que nous sommes attirés. Je n'y résisterai pas plus longtemps ; je veux désormais adorer et servir ce Dieu que j'ai méconnu ; il m'offre d'aller à lui, j'y vais.

— Oui, mes enfants, Dieu est ! Je l'ai senti aujourd'hui s'adresser à mon cœur de mère, et me demander d'employer ma vie à vous le faire aimer. Vous me pardonnerez de vous avoir laissé suivre la voie de l'erreur ; je vous trompais comme j'avais été trompée moi-même. Les misérables !

— Oh ! maman, maman, dis-moi ce que je dois faire pour me débarrasser de cette honte qui me torture.

— Antoinette, ma fille, et vous tous écoutez-moi. Depuis hier, je souffre atrocement. Je niais parce que je croyais le mensonge ; ensuite j'ai douté ; puis, quand le doute n'a plus été possible, j'ai voulu douter encore, prononça lentement M. Debeny. Ma raison révoltée voulait s'imposer contre la vérité divine. Et enfin, je me suis demandé si Dieu voudrait nous pardonner. Car, sentez-vous combien nous sommes coupables, nous surtout, les aînés, vos conducteurs, mes enfants ! Et cette question, je me la pose encore en ce moment : Dieu s'abaissera-t-il jusqu'à nous, voudra-t-il nous pardonner, voudra-t-il nous aimer ?

— Mon ami, votre frère Stanislas se souvient d'avoir lu il y a longtemps, dans un très long évangile où l'on raconte la mort du Christ sur la croix, qu'avant d'expirer il pardonna à un grand criminel crucifié près de lui. Ce misérable avait simplement reconnu qu'il était vraiment le fils de Dieu, et il le suppliait d'avoir égard à son repentir et de lui pardonner ses crimes. Le Christ lui répondit par ces mots qui ne sont jamais sortis de ma mémoire :

« *En vérité, je vous le dis, vous serez avec moi, ce soir, dans le royaume des cieux.* »

Nous n'avons, à notre tour, qu'à nous humilier, à nous repentir et à demander pardon, franchement, loyalement, et à nous conformer sincèrement et pour toujours aux lois de salut que Dieu est venu apporter sur la terre.

— Ne perdons pas davantage de temps, conclut l'oncle Jean. Écoutez le *Credo*, là-bas, devant le Rosaire ; allons, nous aussi, matérialistes et athées d'hier, allons dire à la face du ciel que nous croyons !

— Et que nous aimons ! s'écria Antoinette.

— Vierge chérie, disait-elle tout bas en marchant, je vous aime de tout mon cœur ; prenez-moi dans vos bras, bercez-moi, embrassez-moi !

La douce Mère aura sans doute excusé ce que cette naïve prière contenait de trop humain, car n'est-elle pas la Vierge du sublime amour autant que puissante Reine !

— C'est égal, dit l'oncle Jean, voilà une enquête qui a été rondement menée. Seulement ce sont les enquêteurs qui sont battus.

Battus et contents, n'est-ce pas, Robert?

Contents surtout, mon cher oncle.

....

....

Trois jours après, Solange Debeny, qui avait sollicité ce bonheur, adressait au vieux curé de C. la lettre qu'on va lire.

Lourdes, le 24 août 1909.

« Monsieur le Curé,

« Il y a quelques semaines je vous disais
« inconsciemment que nous avions appris à con-
« naître Lourdes par Emile Zola, l'écrivain per-
« vertisseur.

« Aujourd'hui nous connaissons Lourdes autre-
« ment.

« Venus les uns par curiosité, les autres pour
« essayer de prendre la main dans le sac ceux
« qu'ils croyaient être des imposteurs, les chefs
« d'une *affaire* toute de mensonge et de duperie,
« nous nous sommes sentis dès le début, pris au
« plus intime de nous-mêmes par la charité et
« l'amour qui coulent ici à pleins bords.

« La Vierge de Massabielle s'est emparée de
« nos cœurs, Elle les a pressés dans ses divines
« mains, et Elle en a fait sortir le repentir.

« Avec une maternelle sollicitude Elle nous a « montré le pardon, à nous qui ne connaissions « que la haine; Elle nous a appris ce que sont la « souffrance et le sacrifice, à nous qui n'étions « jamais rassasiés des plaisirs du monde. Et notre « orgueil s'est effondré devant l'insondable puis- « sance et la suprême bonté du Dieu éternel que « le ciel et la terre ne peuvent contenir.

« L'horreur de l'incrédulité et du doute nous « est apparue sous sa repoussante laideur. Nous « croyons, nous croirons toujours! Notre vie « sera-t-elle assez longue pour expier!

« Samedi dernier, de grand matin, nous nous « sommes présentés, tous, dans la crypte de la « basilique, au confessionnal, et le matin nous « avons fait la sainte communion à la Grotte, « sous les yeux de la tendre Mère qui ne nous « avait appelés près d'Elle que pour obtenir « notre pardon et nous sauver.

« Je renonce à vous exprimer la joie et la paix « dont nous sommes remplis. Mais ce que je peux « dire, c'est que jamais nous n'oublierons l'heu- « reux moment où, après le pardon, Jésus a « daigné nous combler de ses insignes faveurs en « se donnant à nous, lui-même, malgré notre « indignité.

« Ma chère famille me charge de vous dire, « monsieur le Curé, qu'en reconnaissance de vos « prières pour notre conversion, en souvenir des

« bienfaits inouis dont nous venons d'être favo-
« risés, elle va faire élever, — si vous le permet-
« tez — dans votre église, où nous n'avons pas
« même mis les pieds le matin de l'incendie, un
« autel en marbre blanc, sur lequel sera placée
« une statue de N.-D. de Lourdes.

« Près de l'autel une pierre sera scellée, avec
« en lettres d'or, ces simples mots :

« Merci à Marie
« Refuge des pécheurs.

21 Août 1909.

« Croyez, Monsieur le Curé, à toute notre res-
« pectueuse reconnaissance.

« SOLANGE DEBENY. »

Nous n'ajouterons à cette lettre qu'une simple considération et une prière.

Il est permis de croire que N.-D. de Lourdes a eu égard à la charité et à la loyauté de la chère famille dont nous venons de constater la radicale transformation. Parce qu'ils « ont donné à manger « à ceux qui ont faim, à boire à ceux qui ont « soif », parce que, *loyalement,* nos amis sont allés vers la Vérité, le cœur de Marie a été ému. Elle a ouvert, pour eux, les portes de l'éternelle patrie.

Ne désespérons donc jamais : Marie veille sur

nous. Allons vers Elle, prions-la. L'amour pour Marie, l'espoir en son infinie bonté, est-il rien de meilleur, est-il bonheur plus suave, plus doux, plus consolateur?

« Et prier Marie dans cet embrasement du « cœur, est-il joie plus pure, espérance plus « inébranlable?

« Oh! venez à Lourdes, vous qui souffrez dans « votre corps : Marie vous soulagera; Elle vous « guérira peut-être.

« Venez, vous dont l'âme pleure des fautes « passées; vous, dont la robe d'innocence s'est « accrochée aux ronces du chemin! Là vous trou- « verez la consolation; vous entendrez la céleste « voix de Celle qu'on appelle le *Refuge des « pécheurs*. Marie pansera vos blessures et vous « montrant le ciel elle dira comme Jésus disait « de Marie-Madeleine : « Il lui a été beaucoup « pardonné, parce qu'elle a beaucoup aimé! »

FIN

Angers, imp. Lecoq et Fils, rue Beaurepaire — 6141

www.ingramcontent.com/pod-product-compliance
Ingram Content Group UK Ltd.
Pitfield, Milton Keynes, MK11 3LW, UK
UKHW012246240726
13966UKWH00004B/1320